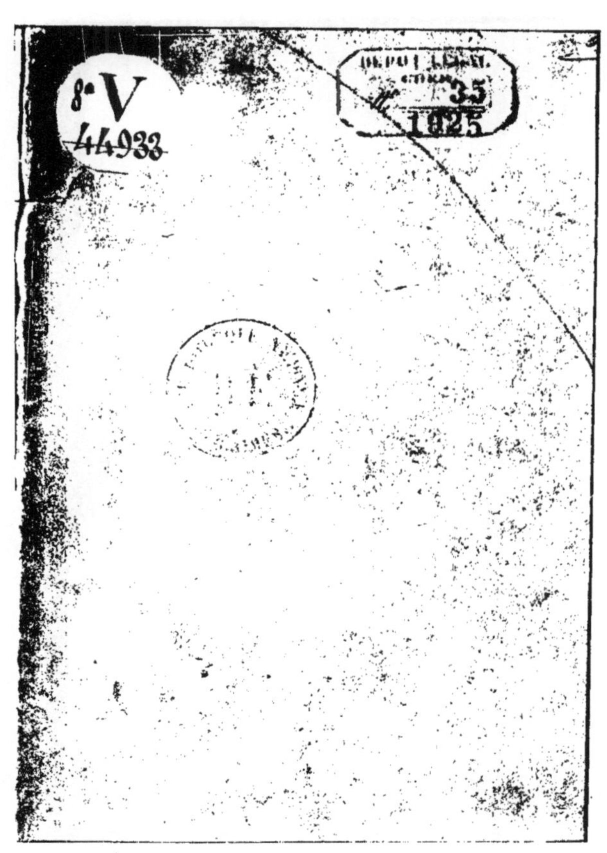

L'Escrime et la Boxe

LAURENT TAILHADE

L'Escrime et la Boxe

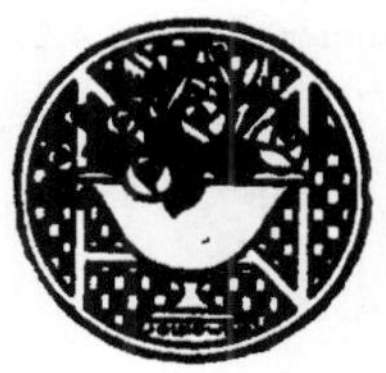

PARIS
ALBERT MESSEIN, ÉDITEUR
19, QUAI SAINT-MICHEL, 19

1924

L'ESCRIME

Depuis les origines mystérieuses de l'humanité, quand, sous les fougères colossales et dans l'ombre des forêts primitives, errant à l'affût de la proie incertaine ou du gîte hasardeux, le pitécanthrope à peine évolué tendait aux fauves des pièges, aiguisait le silex, et, de sa lourde hâche, frappait au front ses concurrents de chasse et d'aventure, jusqu'aux temps modernes, jusqu'aux époques où les mœurs, les goûts, la politesse d'une monarchie aristocratique et militaire imposaient aux soudards casernés dans le palais des rois une élégance qui prenait aussi bien pour théâtre le champ de bataille que les appartements du maître ; depuis la guerre à coups de griffes jusqu'à la guerre en justaucorps doré, partout, sans acception de climat, de race ou de culture, l'homme n'a pas eu de plus cruel ennemi que l'homme, son frère et son rival.

C'est le mot de Hobbes : L'homme est pour l'homme un carnassier.

De la férocité primitive, de l'impulsion, de l'instinct qui jette contre son ennemi le *Yaou* de Swift, du besoin de mordre la chair vive et de boire le sang qui jaillit de ses blessures, naîtra peu à peu la guerre savante, le calcul meurtrier, l'art de donner élégamment la mort.

Cet animal que vous voyez embusqué dans la caverne de l'ours, dans la bauge du sanglier, dans le pli du côteau où l'auroch vient prendre le vent et regarder la plaine ; cet animal n'a ni les dents du loup ni les ongles du chat sauvage ; sa main est faible et ses dents sont précaires. Mais il possède l'intelligence et la méchanceté ; il tue et tue encore, non seulement pour se nourrir, mais pour se venger, pour s'entraîner, mais pour se distraire ; il tue en artiste que le plaisir de nuire emplit de volupté.

Chaque pas qu'il fait dans la civilisation accroît son adresse, le rend à la fois plus habile et plus féroce. La conquête du feu, le travail du fer, les arts de la civilisation concourent à perfectionner le massacre, à peupler de maux ce tas de boue où la nature avait déjà mis tant de souffrances et que les hommes, d'après le mot de Sénèque, se disputent comme d'implacables fourmis. Et l'habitant des cavernes, le primate de l'âge de pierre fait les mêmes gestes que sa descendance. Car, malgré des siècles infinis de civilisation, l'homme n'invente et ne perfectionne quelque chose que ce soit, ne dompte les forces naturelles, que dans un but de carnage et de destruction.

Recommence-t-il, avec plus de succès, le rêve d'Icare ? Tenez pour certain que son premier objectif sera d'abord l'extermination d'autrui. S'il conquiert les plaines aériennes, s'il se fait oiseau et plane dans l'espace illimité, libre enfin du joug de la gravitation, le *Yaou* malfaisant n'aura pas de but plus élevé que le malheur des peuplades voisines, l'incendie, et la ruine, et l'homicide. Chaque étape de sa culture marque un progrès de son infatigable noirceur.

Toutefois, et concurremment avec cet instinct pernicieux, l'animal est sociable, adapté aux groupements les plus artificiels, par faiblesse d'abord et par esprit grégaire, en haine de toutes les supériorités, de la force indépendante et du courage. En effet, la société n'est que la conjuration des masses imbéciles (et je prends imbéciles, non dans le sens usuel, mais dans le sens étymologique), pour se défendre contre les exceptions robustes et les individus trop bien dévoués.

Mais il est encore sociable par besoin de connaître, d'accommoder son esprit à la configuration du monde. Car, dans cet être haineux brûle une petite flamme qui purifie, élève, transfigure sa méchanceté primordiale; cette flamme, c'est l'intelligence, l'aptitude à saisir une idée abstraite, le sens critique, dont les échanges ont créé la loi et la cité.

Du mélange que forment ces deux éléments adverses combinés par un mensonge séculaire, — appétit de connaître, de penser, d'élargir l'horizon intellectuel, — besoin de destruction et de carnage, naquit la guerre telle que l'entendent les peuples modernes, le combat face à face, en pleine lumière, sans perfidie et sans embûches, le meurtre consacré par les religions, les codes et le préjugé universel.

Ici, les adversaires se poignardent et se déchirent, non plus afin de conquérir les quartiers de venaison ou la passante devinée au crépuscule, dans la pénombre du hallier ; mais bien pour aider à un pillage collectif qui leur vaudra pour tout bénéfice une détente nerveuse et de chimériques honneurs.

Cette guerre des peuples qui s'affirment civilisés trouve dans l'escrime sa forme la plus haute, sublimée, oserai-je dire, par l'adresse technique et la valeur intellectuelle des champions.

L'escrime, en effet, ce noble jeu, ne maintient de l'antique brutalité que le strict nécessaire à fortifier les corps, à discipliner les caractères, à tremper la volonté. A l'impulsion brutale du guerrier d'autrefois, elle substitue heureusement le calcul et cette profondeur que donne aux bons esprits le commerce de la mathématique. Elle ennoblit. Elle supprime les distances (tous les hommes sont égaux sur la planche, pendant la phrase d'armes). Elle contribue au développement du corps, lui donne la souplesse, l'élégance, la beauté ; c'est la sculpture vivante.

Et c'est en même temps une règle morale, une école d'énergie, une ascèse de la volonté.

La course à pieds, le canotage, sont des exercices purement physiques où l'adresse, l'habitude, l'entraînement suffisent. Mais l'escrime demande en outre le jugement, la diplomatie et la droiture. Ce n'est pas un exercice purement physique, puisqu'elle confine aux sciences par la précision, aux beauxarts par le rythme et par la vénusté.

Il ne faudrait pas néanmoins attribuer à ce mot d'escrime la signification qu'il assume aujourd'hui, lorsqu'on parle des conflits antiques et de l'art des gladiateurs. Le Pyrgopolynice de Plaute, cet homme de taille à couper du revers un éléphant en deux, encore qu'il préconise avantageusement le capitaine Rodomont et tous les capitans venus d'Espagne, (ce pays de *fantaise* et de gloriole où parler se dit *hablar*), n'est pas un escrimeur au sens actuel du mot. De même Hector, fils de Priam, invectivant sur la plage troyenne le Péléiade Achilleus ; de même les trois Romains, dans un conflit légendaire avec les trois guerriers d'Albe, dont Tite-Live nous a gardé le récit, réci dont le vieux Corneille a tiré la plus assommante pièce de collège dont on baille à la Comédie-Française ; de même encore, les fils d'Œdipe, ne sauraient passer pour escrimeurs.

Ce sont des héros, des guerriers voués aux représailles divines, comparables d'ailleurs aux Mohicans de Fenimore Cooper, ainsi que le remarque justement Théophile Gautier.

L'escrime proprement dite naît avec le Moyen-Age, la Chevalerie et les tournois. Elle est éminemment chrétienne. C'est une ordalie, un jugement de Dieu, où le défendant prouve son dire par son propre corps, suivant la formule chevaleresque, — une épreuve que l'Eglise elle-même sollicite, quitte à la réprouver justement lorsque le monde barbare, conquis par l'éducation latine, admettra, non sans peine, la précellence de la raison sur la force et l'auguste universalité de la justice. En attendant, la victoire décide, et l'épée a la forme d'une croix.

L'escrime ordonne les joutes de la féodalité, s'associe à la pédanterie élégante des cours d'amour, pédante elle-même dans ces âges de pédantisme et de naïveté.

Les Croisés pratiquent ses rituels, sous les murs de Jérusalem et de Saint-Jean d'Acre. Elle anime les chansons de gestes, les romans de la Table Ronde, le cycle de Roland, d'Arthur et de Perceval. En mourant sur le perron de Roncevaux, le neveu de Charlemagne rend à saint Gabriel son épée inutile désormais avec le geste d'un combattant qui, féru dans la lice, donnerait la sienne au maître de camp : « Sun destre guant a Deu en puroffrit ». Ce ne sont que batailles, corps à corps sublimes, rencontres surhumaines, dont le bon hidalgo de Cervantes rêvera plus tard dans sa gentilhommière, sans admettre jamais que le temps soit passé des gestes héroïques et des saintes chevauchées.

De Théroulde à Victor Hugo, les poèmes épiques de la France chantent la gloire de l'épée. En recevant le baptême, les héritiers de Siegfried ont reforgé le glaive, l'ont paré de noms de femme héroïques et charmants, Durandal, Tisolin, Hauteclaire, — l'ont mis au service du bon droit, à la dévotion du pur amour.

Le poète de la *Légende des Siècles* donne

un parfait exemple de ces récits dans le *Mariage de Roland*, pur comme un chant d'Homère, violent comme un bardit, comme un poème du cycle Karawlingien ou de l'Edda.

*
* **

Codifiée au XIIe siècle par Geoffroy de Preilly, l'escrime règle, au XIVe, le choc des Anglais et des Bretons sur le terroir de Ploërmel. Plus tard, elle dresse, à l'aube de la Renaissance, les échafauds dans le Camp du drap d'or. Elle désarçonne un roi de France, que heurte brutalement l'Ecossais Montgomery, ayant soutenu d'abord le droit et vengé l'honneur de Guy Chabot contre la sinistre Diane et les bretteurs qu'elle avait choisis.

Plus tard, encore pendant les guerres de Religion, elle donne aux Guise une troupe de gladiateurs entraînés à l'assassinat, capables de férir académiquement et de tuer dans les règles n'importe qui, le premier passant venu. Les duels d'Antraguet, de Bussy, de Quelus, Joyeuse et Montgiron, grâce au roman trivial d'Alexandre Dumas, habitent les mémoires.

Et l'escrime a son apothéose, elle a sa dernière lueur chevaleresque, au lendemain du dernier roi qui fut un chef militaire, lorsque déjà le règne des bureaux est commencé. Vingt-six ans après le coup de Ravaillac, le Cid, apologie incontestable du duel d'Espagne, apparaît au moment même où Richelieu combat l'Espagne, s'allie aux protestants et réprime à coups de hâche le goût des combats singuliers.

« En ce temps, la France gardait encore », dit Michelet, « une certaine pointe, l'épée « prompte. Un brillant coup d'épée ! A cela « véritablement se réduit l'idéal de cette « époque (c'est le moment de Cyrano, de « Scudery, des bravaches, des raffinés et « de la Place royale). — Que nous reste-t-il ? Moi. « Corneille amoureux fit Chimène, Cor- « neille escrimeur fit Rodrigue. Je veux dire : « escrimeur d'esprit et disputeur normand.

« Ses drames, sauf les moments sublimes, ne
« sont qu'escrime et polémique. »

Et les stances du Cid, à la fois grandi-
loques et quintessenciées, pleines de pointes,
de concettis et d'agudas, de jeux de mots
emphatiques, ressemblent fort à l'escrime
de ce temps où l'épée allait jaillir dans un
flot de rubans et de dentelles, sous un manteau
fastueux, incommode et compliqué. A présent, les duels ne demandent pas tant de
de casuistique. Et voici comme on se bat,
dans la capitale du monde civilisé.

Les jours se suivent et les articles de
M. Gustave Téry se ressemblent ; par jeu,
le mois de mars habille les branches hiver-
nales de toutes sortes de fleurettes blanches,
aubères, couleur de miel, afin que les bru-
gnons et mêmement les abricots manquent
cet été. Le Monde vit ainsi ; les lunes dili-
gentes réparent, aux célestes maisons, les
dommages de l'hiver, sans que les violettes
renaissantes, les coucous dans les prés, la
feuille d'émeraude et l'imminence du prime-
vère modèrent un seul jour, la fougue de
MM. les spadassins.

Un duel, deux duels, et puis encore d'autres

duels ! Ce ne sont que prises d'armes, esto-
cades, levées de boucliers, pistolets éter-
nuant, colichemardes perforant, une pro-
fusion de gestes militaires, — sans d'ailleurs
que mort s'ensuive et que ces funestes rencontres causent plus de mal qu'un saigne-
ment de nez.

Pourfendeurs accrédités du « boulevard »
(le « boulevard » auquel Maurevert croit
encore comme la dernière Vestale croyait
au feu sacré,) hommes d'armes attachés
aux rédactions, friands de la lame, casuistes
rémunérés du point d'honneur, les demi-
vierges de l'escroquerie et les diplomates
nègres en retrait d'emploi : tout ce que
Paris compte de journalistes sans gram-
maire, de poètes sans lyrisme, de conteurs
sans invention ni linge, de messieurs notés
pour leurs mauvaises mœurs, tous les faillis,
tous les ratés qui, de temps à autre, sentent
le besoin de se rappeler au mépris public,
accourent sur le pré, et — que direz-vous,
races futures ? — ne le broutent pas.

Le chœur des journaux déduit la para-
base. L'univers apprend que Chose, illustre
auteur de *Ma Poubelle dans les Cours,* dont

nul ne soupçonne l'existence, abouche ses témoins avec Siméon Labrocante, un Juif, par hasard, mal éduqué. Or, ces témoins ne sont pas de la petite bière. L'un fait les chiens écrasés au *Moniteur de la Halle aux Cuirs*, tandis que l'autre s'est manifesté dans telle revue insenescente de M. Louis Thomas, par un poème symbolique en vingt-quatre vers.

C'est une lessive à bon marché qui dégraisse, vaille que vaille, le renom des personnages tombés en discrédit. Cela ne coûte guère et fournit l'occasion d'une promenade suave, le matin. Sur l'arène, les adversaires miment le septuor des *Huguenots*, ils s'efforcent de pourfendre le doigt annulaire de leur vis-à-vis.

D'autres lancent aux moineaux ce que l'Ecole Impériale nommait un « plomb meurtrier », vident leur « tube d'airain » comme une pomme d'arrosoir. C'est fort émouvant. Et, dans le refuge voisin, des rafraîchissements sont préparés qui ne ressemblent en aucune manière au sang de Beaumanoir.

Cependant l'élite des photographes, le

cinéma Pathé, le journal *Quo non ascendam ?* et ses reporters au magnésium, trente objectifs et des koddacs plus nombreux que les étoiles, fixent pour les yeux de la province et de l'étranger, pour la Terre de Feu et les Îles Aléoutiennes, le visage guerrier, les bretelles et les dessous des combattants.

A quoi bon rimer des sonnets et creuser les mystères de la sémantique ? La gloire est ici, jeune homme. Ne prends pas la peine de lire, de connaître la chose imprimée. Il y va de ta gloire. Garde-toi de soupçonner que M. Claudel n'est pas l'auteur des *Provinciales* et que cette langue que tu parles, dans la mesure de tes facultés, remonte un peu plus haut que l'an de grâce mil huit cent quatre vingt. Demande plutôt à Georges Pioch, car celui-là, couramment, lit la lettre moulée et connaît les bons endroits où déposer son admiration ! Entre sur le pré ! Une ! deux ! Croisez le fer ! Tu saignes, mon enfant. Va t-en bien vite au *Napolitain* répartiteur de gloire, où l'ombre de Mendès vaticine encore. Tu seras Marcellus ! et donneras des nouvelles au *Petit Journal* où débuta le non moins petit savoyard Henry Bordeaux !

Quant à la blessure, ne manque pas d'emporter avec toi un timbre-poste, afin d'en atténuer l'effet, de paraître avec dignité dans les rédactions et les boudoirs !

*
* *

Tous les combats, je le veux bien, n'engendrent pas une pareille gaîté. Il en est de sérieux. Il en est même entre gens qui tiennent à leur propre estime encore plus qu'à celle du public. Mais ceux-là n'ont pas de querelles à propos de bottes. Ils ne se gourment ni dans les coulisses de théâtres, ni dans les grands ou moyens bars. Ils défendent par l'épée et soutiennent par la force les allégations qu'ils profèrent au nom de la vérité. Ils mettent au service de leur dialectique le réflexe de la brute irritée ou craintive ; ils consentent, afin de défendre le pape, le roi, l'empereur, la Cégété ou la République portugaise, à rétrograder vers l'âge de pierre.

Néanmoins, ils acquièrent une chemise de batiste pour vaquer à cet emploi !

Ceux-là sont illogiques, mais point immondes. Ils ne demandent pas à la réclame, à la badauderie idiote, à la scélératesse des arbitres, une publicité dont ils n'ont aucun besoin. Ce sont des bêtes et des bêtes extraordinairement carnassières ; ce ne sont ni les *bandar-log* de Kipling ni le « Maître Gilles » de Tabarin.

*
* *

Le docteur Achile Edom, épéiste de haute école, a, dans son livre sur l'*Escrime*, promulgué des vérités que feront bien d'approfondir les quidams adonnés à la retape du terrain.

C'est une figure étrange et séduisante que ce chirurgien épris de son art et l'un des plus insignes dans la pratique d'icelui ; en même temps « sportif », dialecticien de l'escrime, versé dans l'art du bien dire, maniant avec une égale maîtrise, avec un bonheur égal, toutes les armes perforantes ou coupantes : la plume, l'épée et le bistouri ; sachant recoudre sur la table d'opération ce qu'il a décousu sur le terrain ; abondant, ingénieux et précis ; donnant l'exemple en même temps que le prétexte ; à la fois écrivain solide et champion sans égal. Pour accréditer sa parole, sa doctrine, il n'hésite point à subir les exigences qu'impose l'escrime dite de terrain, les conditions inhérentes aux modernes tournois, encore que tenant pour incorrect tout ce qui démocratise le « noble sport ». Il manie avec l'aisance du señor monipodio toutes les sortes de colichemardes, de claymore et d'estramaçon ; mais il pratique les points de suture, avec un art inconnu aux chirurgiens barbiers de Cervantès. Il a , depuis quinze ans, pris une part triomphale à tant d'assauts, de combats, de joutes, qu'il a conquis désormais le droit d'enseigner à la fois comme virtuose, comme savant et comme théoricien.

« L'escrime, dit-il, en un langage d'une précision scientifique et pittoresque, doit rester cérébrale et ne point devenir médullaire étant une mathématique et non la suite des mouvements réflexes chez un quadrumane exaspéré ».

Cette idée éminemment rétrograde qui fait que l'homme demande à la force le témoignage de son droit appartient plus qu'à toute autre nation à la France, à la France de la troisième république où les pieds-plats regardent comme la meilleure savonnette à vilains ces croisements de fer et la réclame qui s'en suit.

En Angleterre, en Belgique, dans toutes les nations où l'homme a l'orgueil de lui-même, l'habitude héréditaire de commander et de se considérer comme juge unique de ses actions, le duel ostentatoire est non seulement tenu pour chose vile, mais proscrit par les lois.

En France, au contraire, où la bourgeoisie a pour objectif principal de singer la Noblesse qu'elle a supplantée, on se bat encore, par le plus sot des préjugés. La caricature n'est pas médiocre : M. l'expéditionnaire et

M. le plumitif, en complet de la *Belle Jardinière*, mettant au vent l'épée de Richelieu ! « Ce point d'honneur », dit le docteur Edom qui s'y connaît, « n'est rien autre chose « qu'un fantôme qui change d'aspect en « changeant de pays. En Angleterre on boxe, « en Corée on poignarde, au Japon l'insulté « s'ouvre le ventre, au Siam chaque adver-« saire prend une pilule purgative (pardon !) ; « le gagnant est celui qui résiste le plus tard « à son effet. »

En France, le duel sans mort d'homme est passible de la correctionnelle. Meurtrier, il ressortit aux assises, où le jury n'a pas assez d'acquittements pour l'homme qui, par colère, par vengeance, pour amuser la galerie et souvent pour se donner congé d'être un drôle, vient d'assassiner un être supérieur par l'intelligence, le cœur et la dignité sociale. Misérable pantalonade, qui a pour conséquence d'infliger la peine en raison inverse du délit. Et dire que ces gens-là condamnent les apaches moins coupables, en tout cas mille fois plus chevaleresques, dont les brownings ont parlé.

Afin de calmer les ardeurs homicides et

l'exhibitionnisme guerrier des folliculaires des chercheurs de duels et autres malandrins, le docteur Edom propose justement, outre diverses peines afflictives et infamantes à décerner aux témoins, une amende plantureuse qu'ils auront à payer. L'avarice accomplira ce que le ridicule ni la conscience n'ont pu faire. Cela suffira pour que les arbitres du « point d'honneur » cessent de prêter aux petits messieurs en mal de cabotinage, telle assistance qui leur ferait à chacun une matinée de cinquante louis. Car les affaires sont les affaires, n'est-ce pas ? On peut bien aimer un homme au point de le mener tuer, sans vouloir néanmoins dépenser un billet de mille francs pour lui complaire.

Et le jour où cette loi sera promulguée, on verra le triomphe décisif des épéistes sur les spadassins.

Au surplus dans le duel, interviennent plusieurs facteurs que nulle science n'est en mesure de prévoir. Sur le terrain, l'homme de cœur ne sachant pas tenir une épée a toute chance de paraître supérieur au technicien pusillanime. Les préoccupations de famille, de santé, l'émotivité plus grande, à la suite d'un choc moral ou d'une indisposition passagère, peuvent transmuer le héros de salle d'armes en un mauvais ferrailleur sur le terrain. La connaissance de l'escrime n'implique pas nécessairement le courage. Et l'on se rappelle ce mot d'Aurélien Scholl à je ne sais plus quel tireur fameux du Second Empire qui rompait éperdument : « Eh quoi ! monsieur, vous nous quittez déjà ? »

* *
*

L'escrime, telle que l'ont faite de nos jours l'utilitarisme, le goût des résultats pratiques, a suivi la même décadence que la plupart des arts et des métiers. Nous vivons sous le règne de la camelote ; et c'est, en effet, une camelote à coups d'épée, — il serait plus juste de dire à coups de poing, — que les méthodes en faveur depuis peu dans les salles d'armes et les tournois les mieux accrédités. Les escrimeurs de la dernière génération n'ont cure que de vaincre, d'autre souci que d'imposer une supériorité balourde, le triomphe de la vigueur bestiale. Tous veulent vaincre pour vaincre. Ils ont oublié que, dans une lutte de ce genre, qui est une lutte, mais plus encore une œuvre d'art, il n'existe d'autre victoire que la victoire intellectuelle, victoire du cerveau, non victoire des jambes et des bras.

C'est pour cela d'ailleurs que le duel ne doit jamais entrer en ligne de compte dans la préoccupation des escrimeurs. En dehors de la comédie écœurante, bouffonne, qu'il est devenu en France, il constitue un crime, une forme lâche entre toutes de l'homicide avec préméditation, une survivance de l'héréditaire, de l'animale férocité.

La Belgique, mieux que tout autre pays garde la saine tradition de l'épée. Néanmoins on ne s'y bat en duel que dans le secret le plus profond, pour les motifs les plus graves et peut-on dire, pour des cas réservés. Le fils dont on outrage la mère, l'homme dont on attaque la probité y croisent le fer, en silence, gardés par le respect du monde et l'inviolable discrétion de la presse. Le combat est loyal, hautain sérieux, et pathétique ; une existence humaine en devient parfois l'enjeu. Ainsi entendu, avec cette gravité solennelle et profonde, le combat singulier se rapproche de l'ordalie antique. Son dénouement heureux ou funeste émane, croirait-on, d'une justice immanente et supérieure.

En France, le public s'est depuis longtemps habitué à ne voir dans le maître d'armes qu'un simple moniteur d'une gymnastique spéciale. Dans la noble, traditionnelle et prudente Belgique, il n'en va pas de même. Les maîtres songent à la dignité de leur art.

Le maître d'armes doit être un sage ; il doit être un savant ; il doit connaître la différence des armes, ce qui distingue le jeu relevé du jeu vulgaire, pourquoi il faut dire : le fleuret, aux escrimeurs : l'épée, aux autres. Il professera qu'il n'est qu'une sorte d'escrime, quelle que soit l'arme choisie ; il professera qu'il n'existe que deux écoles, en escrime aussi bien que dans tous les arts : la bonne et la mauvaise ; que sabre, fleuret, bâton, peu importe ; qu'il n'est qu'un style, aussi bien pour combattre que pour écrire, et que, pour atteindre à ce style, dans l'un et l'autre cas, il faut, avant toute chose, apprendre à bien penser.

Tant que l'escrime ne sera qu'une préparation au combat, un argument de chicane, de lutte et de mort, la science des armes sera considérée par les gens d'honneur comme un odieux encouragement à l'insolence, à la cruauté, au déchaînement des instincts les plus abjects.

On instruit les jeunes hommes dans cette doctrine ; et c'est pourquoi, l'école normale d'escrime belge passe à bon droit pour la première de l'univers.

*
* *

Les races latines ont eu ce rare privilège de mener à bien la science de l'épée. Elles restent de tout point les éducatrices de l'humanité, les porte-paroles de la civilisation. A l'Italie, « auguste mère des hommes et des dieux », l'Espagne a donné l'escrime.

Ensuite l'Italie à la France. La Belgique à son tour se l'est incorporée.

Elle est devenue le sport des peuples cultivés, soucieux de garder jusque dans leurs plaisirs un front harmonieux et des gestes eurythmiques. Tandis que les jeux grossiers des barbares, déchaînent la brutalité, le goût du sang et des gourmades, elle pacifie, elle calme, elle éduque, elle inspire la raison et corrobore la volonté. C'est avec la nage, l'équitation, le golf, un exercice propre aux délicats où la science, l'hygiène et la raison interviennent tour à tour. Pareille à notre langue, c'est une logique si pondérée et si robuste qu'elle peut fournir un modèle à tous les arts, susciter l'orateur aussi bien que le poète. C'est le triomphe de l'esprit sur la force brutale, aussi bien dans l'escrime du taureau, corne contre épée, que dans l'escrime ordinaire, où le fer dispute au fer la victoire. C'est la spiritualisation de la concurrence vitale menée à son point culminant. C'est le vrai sport occidental, soit qu'il mate dans les arènes de Madrid le dur bétail des fleuves andalous, soit qu'il réunisse dans une ghilde flamande ce que

Liège, Bruxelles, Anvers, comptent d'épéistes renommés.

Quelques pédants, soutenus par les entreprises de bateaux et contrepointés d'aubergistes, on voulu naguère, comme au temps de Périclès et d'Hipparque, rendre au stade olympique sa splendeur d'autrefois. L'Eurotas vit accourir des cyclistes et des athlètes en caleçon de bain. Ils rappelaient imparfaitement le *Discobole*.

Evitons ces jeux rétrospectifs de la Grèce défunte et de l'agence Cook. Il ne s'agit pas, en effet, de ressusciter les jeux olympiques. Nous n'avons nul besoin de lancer un char dans la carrière ou de courir à l'Autel de Prométhée. Et le *Carmen Saeculare* s'est fait entendre, pour la dernière fois, chez le Scythes, quand régnait la grande Catherine, à Tsarskoë-Sélo.

Or n'hésitons pas à suivre le conseil de Candide : « Cultivons notre jardin » c'est-à-dire, les arts institués par nos aïeux, les arts que nous ont fait notre climat, notre éducation et notre hérédité. Ainsi, nous garderons, avec ce patrimoine, le juste orgueil de notre force, le calme que donnent un bras vigoureux, un cœur loyal, un corps souple et le ferme vouloir de n'employer notre force qu'aux œuvres de justice, de concorde fraternelle, de civilisation et de beauté.

LA BOXE

L'athlétisme, la culture physique, l'art de
mettre en valeur chacune des forces dont
l'être humain fut si largement pourvu par
la Nature et qu'une civilisation maladroite,
sous prétexte d'intellectualité, négligea trop
longtemps ; l'éducation intégrale de l'é-
phèbe ; le travail du muscle, non moins per-
tinent que celui de l'esprit, occupent enfin
l'attention du public et la préférence de la
jeunesse, un rang digne de leurs mérites,
une place chaque jour, plus importante et
plus considérée. Il n'en fut pas toujours
ainsi. Tandis que la plupart des nations ri-
vales s'exerçaient aux luttes de vigueur ou
d'adresse, marche, yachting, escrime, pugilat ; tandis que l'Angeletrre s'appliquait à
l'élève de ses chevaux, faisait courir le pur-
sang et regardait le derby d'Epsom comme
une affaire d'état, la France qui cependant
pratiqua la première encore que sous d'autres
noms, le golf, le tennis et le foot-ball, se

tenait à l'écart de ces prouesses héroïques. Le Romantisme, tout en geste, en paroles, en costumes de théâtre ou de bal masqué, détourna sans doute les jeunes hommes de ces rencontres bienfaisantes qui donnent au fort du sang-droid, au faible de l'énergie, à tous le sentiment de la responsabilité personnelle, de l'obligation où chacun est de se défendre lui-même, qui permettent enfin à la jeunesse de dépenser utilement le trop plein d'une sève débordante et d'une infatigable ardeur. Les doctrinaires de l'Ère philippienne, le gommeux du Second Empire, aussi bien que les intellectuels d'il y a trente ans — sauf quelques louables exceptions — tenaient en assez grand mépris la gymnastique et l'athlétisme. Une molesse, qu'ils regardaient, bien à tort, comme l'indice et la marque des entendements supérieurs, les tenaient à l'écart de l'action, de l'effort, de l'entraînement qui fait le muscle dur et le poumon élastique. Ils ne prenaient aucun souci d'être beaux ; encore moins de se garder robustes, souples et bien portants. Ils suivaient Hermès, en tant que protecteur de l'éloquence, mais le dédaignaient comme patron du Gymnase. Ils gagnaient prématurément du ventre, bientôt perdaient leur cheveux, et, d'après leur condition mondaine, faisaient les délices des vieilles dames dans les salons esthétiques ou péroraient avec Paul Fort et Jean Moréas, dans les cafés de nuit. L'avènement du Symbolisme eut des relations de cause à effet avec cette paresse corporelle. Tant de femmes dont la prétention unique était de ressembler à des lys, qui d'après la formule de Ruskin et les peintures de Burnes-Jones, se fagottaient avec « les fruits du cotonnier » comme disait Banville, sous couleur de brocart et de lampas ; les maîtresses d'esthètes, les élèves d'Ibsen auraient tenu pour fort au-dessous de leur dignité le spectacle soi-disant brutal qu'offre au spectateur, un assaut d'escrime, une lutte à main plate. Comme ce dégoûté de Sybaris dont l'ennuyeux Plutarque nous a transmis l'historiette, les Symbolistes se fussent évanouis de fatigue devant une équipe de coureurs à pieds.

Le bon sens public d'abord et, plus que le bon sens lui-même, car elle porte avec elle une force toujours victorieuse, la jeunesse, reléguèrent ces sophismes de cul-de-jatte, ces paradoxes d'éclopés au pays des vieilles lunes où vont les grimaces de la veille et les feux d'artifice périmés. Une sorte de réveil national se fit en France.

Finis ces poètes que l'on nomme « d'avantgarde » sans doute, à cause qu'ils ressemellent infatigablement les cothurnes de leurs aînés ; car ils se demandent, comme le blan-bec de Gresset : « Qui pourrais-je imiter pour être original ? » Finis les drames d'Ibsen, les dames préraphaélites, les porteuses de lys, les Muses de Boticcelli en robe collante, avec, sur leurs bandeaux plats, une ferronnière de carême prenant. Les évadés de la fumerie, aussi bien que les hôtes des grands bars, les écrivains en rupture de symbolisme et les snobs désemparés. Tous ceux qui jouaient la pantomine du désenchantement, du pessimisme, les faux désenchantés aussi bien que les pervertis sincères — touchés par quelque lueur de lumière française, illuminés par le bon sens héréditaire, ayant sacrifié aux idoles ténébreuses de l'ennui volontaire, de l'inertie et de l'oisiveté, ne tardèrent pas à comprendre qu'ils jouaient un jeu de dupe. Schopenhauer ne recruta plus d'adeptes que parmi les vieilles dames et les débutants quadragénaires. Et la gastrite de Joris Karl Huysmans ne détourna plus désormais les jeunes hommes de se mettre à table quand sonne l'heure du dîner. Ces mêmes adolescents, hier encore languides, hargneux, contempteur de la joie et de l'activité physique, ces faux découragés, ces « âmes de Goëland » comme on disait alors, éclatèrent de rire et, retrouvant la belle humeur de la race dont ils viennent, brisèrent leurs maussades idoles et prirent un nouveau chemin. Ils regardèrent alors devant eux.

Ils comprirent que la vie, avec même toutes ses désillusions, avec ses peines, les soucis quotidiens et les douleurs permanentes — vaut la peine d'être vécue. En dehors du résultat, l'effort en lui-même porte sa récompense. Hercule n'a pas de plus noble salaire que son labeur et ses travaux.

Peut-être aussi, averti par une sorte d'intuition prophétique, les adolescents qui, au début du siècle, ramenèrent en France le culte de la force, le goût de l'entraînement l'amour des « nobles sports » avaient-ils pressenti quel danger menaçait la terre paternelle. Etait-ce l'orage qui grondait sourdement à l'horizon, les indices précurseurs de la grande guerre, qui les conduisaient comme par une sorte de magnétisme sur la piste du Vélodrome, sur la planche des salles d'armes, sur le *ring* ? Tristan Bernard, Gaston de Pawlowski, Jean Cocteau, les poètes, les artistes, les maîtres de la parole et ceux des arts plastiques, les musiciens et les journalistes s'empressaient aux rencontres d'amateurs comme aux matches des professionnels.

Or ces enfants qui, bientôt, sans peur, sans regret, avec une sorte d'âpre gaîté, avec cet élan qui fait les héros et les victorieux, allaient échanger le maillot sportif contre la tunique militaire, préludaient sous les yeux de leurs aînés, parmi les encouragements et les lauriers, à la lutte sacrée, au conflit décisif, à la bataille suprême qui fixera le sort du monde.

Sur les bords de la Marne, dans l'Argonne, partout où l'invasion des barbares se heurte à l'invincible résistance de la France, vous

les retrouvez ces coureurs, ces piétons, ces
tireurs d'épée, et ces gymnastes aériens.
Naguère, ils énoblissaient leurs heures de
paresse. Ils jetaient le disque ou bien lançaient
le javelot, dans les sites virgiliens qu'aima
Puvis de Chavannes. Et c'étaient en vérité,
comme l'attestait ce peintre de l'harmonie
et de la lumière, un jeu patriotique *Ludus
pro pratria* que cette ascèse du gymnase,
préparant les grands combats de la France
les batailles vengeresses, le heurt de la culture sauvage et de l'éducation humaine, de
la barbarie et de la civilisation, de la justice
et du crime, de la raison et de l'obscurantisme
d'un monde entier se levant tout entier
pour défendre contre l'invasion inique et
féroce les droits imprescriptibles de la raison et de la liberté.

*
*   *

Plus que tout autre sport et malgré l'opinion des « philanthropes » de carrière, le sport qui mérite d'être loué, comme une préparation à la chose militaire, comme une école d'endurance, d'énergie et de volonté, c'est l'art précis, l'art fougueux du pugilat, c'est le « noble sport » des Humphrey, des Mendoza, des Sullivan, des Jeffries, des Fitzsimmons, des Jack Johnson, des Charlemont et des Carpentier. Ces hommes en caleçon blanc, gantés du ceste gréco-latin qui frappent droit et ferme, qui reçoivent sans boncher les coups mortels, depuis le direct plexus solaire jusqu'à l'upercut qui, par l'ébranlement donné aux maxillaires, tombe net sur le bulbe du cerveau, sont les meilleurs pédagogues pour de jeunes soldats. Ce fut un assaut de boxe que donnèrent aux Thermopyles, ceux de Léonidas, en attendant que l'avalanche asiatique les vint ensevelir, au rite funéraire, les compagnons au pieux Enée, mêlaient des jeux guerriers, disputant le prix du pugilat. C'est la défense héroïque, celle que l'homme tire tout entière de lui-même, de son courage, de sa clairvoyance, du mépris qu'il oppose à la douleur.

« Tu n'es qu'un mot » disait le stoïcien. Or, l'enseignement du Portique, trouve sur le *ring* des disciples qui, sans avoir lu jamais Épictète ni Marc-Aurèle, appliquent chaque jour leur doctrine.

« *Abstine, sustine* » Comme la plupart ignorent le latin ils traduisent la maxime de Zénon en invitant leur disciple « à se taire, pour encaisser ».

Quant à l'abstinence, elle est complète, chez eux, ascétique et d'une sévérité qui ne comporte aucune atténuation. Les infractions que permet un usage pernicieux à la première épée aurait, pour le boxeur des conséquences mortelles. Dans son beau roman sur la tauromachie. *Arènes sanglantes*, Blasco Ibáñez montre un *diestro* dont le calme est à la fois troublé par des écarts de régime, des craintes superstitieuses et les rancœurs d'un amour à son déclin, encorné par le taureau qu'il redoute et mourant, après avoir teinté de rouge le sable du *re-dondel* : *sangre y arenas* ! Or, la poingne du boxeur n'est pas moins redoutable que la corne d'un Miurra ou d'un Véraguas. Elle peut ouvrir le crâne de l'adversaire comme un enfant écalerait des noix ; elle peut déchirer ses carotides, lui décrocher dans le sternum un coup direct amenant la syncope en même temps que la rupture de nombreux vaisseaux. L'intempérance, l'inquiétude qui résulte d'un sommeil insuffisant, tout autre fatigue, de quelque nature qu'on la suppose est en possession d'amener la seconde fatale, ce moment d'oubli qui met le pugiliste hors de ses gardes et permet à la mort de lui prendre le souffle. Aussitôt qu'il est entré en loge le boxeur peut et doit se regarder comme ayant prononcé des vœux. Il s'engage à être sobre, chaste et pacifique ; il se conforme à l'obédience — peut-on dire — de son manager.

Lord David Direy Moir, dont Victor Hugo fait l'arbitre des élégances, chargé de figurer dans son *Homme qui rit*, les travers et les grandeurs de la jeune *lordsips*, invente pour le boxeur dont il consent à être le

trainer « cet admirable régime d'Athlète,
« renouvelé depuis par Moseley : le matin
« un œuf cru et un verre de sherry, à midi
« gigot saignant et thé, à quatre heures pain
« grillé et thé, le soir pale ale et pain grillé ».
— Entre temps, et « le cyclope adopté, il ne le
« quitte plus. Il devient sa nourrice. Il lui
« mesure le vin, il lui pèse la viande, il lui
« compte le sommeil. » Le soir, « il déshabille
« l'homme, le masse et le couche. Dans la rue
« il ne le perd pas de vue, écartant de lui tous
« les dangers, les chevaux échappés, les roues
« de voiture, les soldats ivres et les jolies
« filles, » car « il veille sur sa vertu. »

Cela n'a guère changé depuis 1704. L'entrepreneur de spectacles veille sur son pugiliste avec la sollicitude inhérente aux bourgeois qui ont fait un placement. L'homme coûte fort cher et les prétentions des boxeurs ne sont pas moindres que celles des torreros. Guerrita ne tuait jamais avant d'avoir touché dix milles *pesetas*. Le prix semblerait un peu mince aux champions modernes pour taper sur le visage de leur frère en humanité.

*
* *

La boxe eut quelque peine à s'acclimater en France. Boxe anglaise où les poings seuls entrent en jeu, boxe française compliquée agréablement de savate, où le pugiliste (lequel ne devrait, en principe, frapper qu'avec le métacarpe de coups portant à la tête et au tronc, à partir de la ceinture) porte divers coups de pieds et casse le tibia de son adversaire, en toute loyauté, n'ont pas, tout d'abord, conquis le suffrage du public. Les yeux au beurre noir, les dents que crache avec une bave sanglante, et la peau de ses gencives, le maladroit qui n'a pas su éviter un *swing* sur la mâchoire, apparut, tout d'abord au public français comme un genre de spectacle beaucoup moins attrayant que les danses de madame Otero et les contorsions éginétiques d'Isadora Duncan. Mais l'on se fait à tout. Par bonheur, la Société protectrice des animaux n'avait rien à voir dans cette affaire. Séverine ménagea ses pleurs ; monsieur Falize commanda — soyez bons pour les animaux ! — des panamas contre l'insolation et des gilets de flanelle pour les carcans de la banlieue. Et seuls, tristement, les *afficionados*, au nom de la loi Grammont ne purent assister à leur spectacle favori.

Athènes, cependant, n'eût pas accueilli sans restrictions le beau Peter Jackson et le beau Carpentier. La course aux flambeaux, l'équitation étaient choses de l'Ionie. Devant les métopes du Parthénon, où les cavaliers de Phidias « déroulent, suivant un mot de Renan, leur éternelle fête » chez un peuple d'artistes « où l'action la plus religieuse était d'exposer des formes pures » les nez écrasés, les yeux jaillis de l'orbite, les mâchoires en ruines eussent trop violemment contrasté avec l'harmonie éternelle du héros attique et de leurs jeunes dieux Pallas, qui se plaît aux stratagèmes d'Ulysse, à la dialectique de Périclès ; la déesse industrieuse qui trame le voile des Panathénées, sourit aux dialogues de Platon et couronne de viollettes le beau vainqueur de Potidè, Apollon qui gagna, devant l'aréopage, le procès d'Oreste fugitif, le Dieu à l'arc d'argent, la Déesse aux yeux pers eussent mal jugé les *knock-out* de Corbett et « le marteau du forgeron », gloire essentielle de Jeffries. Les athlètes de la Grèce antique étaient comme il convient, nés au pays d'Hercule. Pindare, né à Thèbes, magnifia leurs victoires dans le dialecte de la Béotie. Il en fut de même pour Simonide, chantre en quelque sorte officiel des jeux olympiques et des lutteurs victorieux. Lafontaine a raconté cette « légende dorée » du polythéisme hellénique : Castor et Pollux récompensant la piété de Simonide qui après avoir entrepris l'éloge d'un athlète et « la chose essayée, trouvant son sujet plein de récits tous nus » célébra les divins jumeaux frères d'Hélène ; et ceux-ci entraînant le poète hors d'un palais, tout près de s'écrouler.

Pindare est tout plein de ces choses. Le triomphe des beaux lutteurs se mêle dans les *Epicénies* du lyrique Thébain aux aventures guerrières, aux incarnations diverses, aux multiples amours des Dieux.

Si la boxe ne connut point la faveur d'Athènes, Rome en fut éprise ; les pugilistes, au dire de Juvenal ne trouvèrent pas, chez les dames romaines, un accueil moins généreux que les Gladiateurs. Leurs combats, avant même le temps des empereurs faisaient partie des divertissements que l'état offrait à la populace romaine, à côté des gladiateurs, des danses, des luttes de bêtes fauves et autres exhibitions.

Mais la boxe, telle que nous l'admirons aujourd'hui, le combat élégant, scientifique, l'art précis et concis de Carpentier où pas un mouvement, pas un geste n'est perdu, ne remonte pas, même en Angleterre beaucoup plus haut que le règne des derniers Stuarts. Les règles actuelles furent établies, sous la reine Anne, à peu près au temps où Pablo Romero définissait en Espagne la loi de la tauromachie. L'accueil un peu froid que la boxe, dans les premiers temps de son importation à Paris, reçut du public français, eut sans doute, pour motif, en dehors des répugnances que manifestaient à son endroit les belles âmes professionnelles, un restant d'aigreur contre « la perfide Albion » comme on disait encore.

Les Français voulaient bien imiter en toute chose l'Angleterre, lui prendre ses vêtements, ses tics, ses ridicules, ses modes

et son thé. Néanmoins, elle hésitait encore
devant le sport national d'outre-manche.
Peut-être et de bonne fois, imaginait-elle,
autour du *ring*, les figures d'autrefois, vignettes de Carle Vernet, de Gillray ou d'Hog-
gart, les mangeurs de roastbeaf et de plum-
pudding, les cokneys ventripotents, chaus-
sés de cotonnade blanche, étouffant sous le
hausse-col d'une redingote vert olive, écrasés
à demi, congestionnés et rognés contre le
câble tendu pour clore la piste aux mouvements du public.

Ces Anglais, si différents du « Tommy »
qu'ont popularisé les vignettes de la Guerre,
furent chansonnés par Béranger, sous la Res-
tauration, alors que venait de Sainte-Hé-
lène un souffle de rancune et de représailles,
contre les vainqueurs de Waterloo.

> Quoique leurs chapeaux soient bien laids,
> *Goddam!* moi j'aime les anglais.
> Ils ont un si bon caractère.
> Comme ils sont polis ! Et surtout
> Que leurs plaisirs sont de bon goût !
>   Non ! chez nous point
>   Point de ces coups de poing
> Qui font tant d'honneur à l'Angleterre !

A présent les rancunes d'autrefois sont mortes. Les petits-fils de Wellington se rappellent Waterloo, pour tresser à Napoléon des Guirlandes s'ils évoquent parfois la guerre, c'est pour exalter le los de Jehanne d'Arc.

« Le poing » fait honneur à la France qui mêle volontiers aux souvenirs héroïques des matches sensationnels des historiettes ou se plaît sa bonne humeur. En voici, pour finir, quelques-unes. Elles viennent d'Amérique pareilles au film transatlantique ou furent inscrits les gestes mémorables de Jessie Willard et de Jack Johnson, malgré le torpillage de la *Lusitania*.

Il est d'usage que les combattants se serrent à la main, au début du dernier *round*. On s'y prend un peu d'avance pour amener la réconciliation finale.

Joe Jeanette, beau mulâtre, à l'œil velouté, sérieux et hautain, rencontrait sur

un ring de Baltimoore, un homme de sa
couleur. Le *match* était en dix reprises. A
la fin de la quatrième, Joe Jeanette, infini-
ment supérieur à son adversaire, jugea que
même pour un fils de Cham, il avait assez
ménagé le quidam. Se levant donc, pour
achever le combat, il tendit, sans y penser,
les mains à l'homme de l'autre coin. — Mais
dit celui-ci, un peu estomaqué, nous n'en
sommes pas au dernier *round*. — Si ! à
votre dernier *round*, repartit Jeanette avec
calme. Deux ou trois secondes après, l'autre
nègre se répandait sur le sol et « prenait un
compte de dix. »

Voici une historiette encore, à peu près
dans le même ton :

Alfred Lippe, manager d'Harry Levis,
était en France avec son « poulain » vous
savez que le *trainer* appelle ainsi le boxeur
qu'il entraîne. Le « poulain » de Lippe devait
rencontrer un autre américain, Charles
Withe.

— Vous êtes tranquille? demandait-on à
Lippe, avant le combat.

— Oui. Nous *nous* sommes trouvés déjà,
vis-à-vis de Charles Withe, en Amérique

et au deuxième *round,* il a cru que la salle entière lui envoyait des gants à la figure.

Voici un manager moins délicat.

L'usage — vous ne l'ignorez pas — est que le manager se tienne dans le soin du « poulain » qu'il escorte, au milieu des soigneurs. Pendant le combat, il prodigue conseils, encouragements et bonnes paroles à son homme.

Or, le manager d'un petit boxeur américain n'avait rien trouvé de mieux que de crier à son « poulain » pour en maintenir le courage, toutes fois et quantes le pauvre gosse recevait en plein visage : « Ça m'est égal ça !... Ça m'est égal ça ! »

Le mérite d'un boxeur ne consiste pas seulement à frapper dru, mais à bien « encaisser » toutes les variétés de coups. « Donne moi tes poings que je les casse avec mon nez ! »

Une anecdote exquise atteste cette endurance des boxeurs américains, et particulièrement de ci-devant nègres.

Un noir de forte carrure se venait plaindre au juge. Sa femme l'avait maltraité en paroles et de la pelle à charbon.

— Mais dit le juge, vous n'avez aucune trace de coups sur la figure ?

— Ah ! massa, ce qu'il faut voir, c'est la pelle à charbon.

***

Cette historiette pourrait conclure. Elle renferme un exemple d'endurance, une leçon de choses qui l'emporte sur tous les préceptes et enseignements.

Dans l'ordre moral aussi bien que dans l'ordre physique, l'effort seul prépare l'ascension de l'homme vers un état supérieur, lui permet d'atteindre les plus magnifiques résultats. La loi, le rythme, l'harmonie, en un mot, la Beauté sont autant de conquêtes sur les forces naturelles. Apprendre à tenir la douleur pour non avenue et le danger pour une amusette, confère au *torrero*, comme au boxeur une maîtrise inconnue à bien des rois.

Par un entraînement soutenu de ses muscles et de sa volonté, l'homme s'aggrandit. Faible, il se donne de la force ; craintif, il regarde en face la mort et le péril. Sans tenir compte de la peine, il développe ses facultés héroïques : la persévérance, le mépris de la douleur, le dédain magnanime du plaisir trivial, des voluptés amolissantes. Athlète ou stoïcien, que ce soit l'entraînement gymnique ou l'ascèse du philosophe, il pétrit son individualité, la conforme au type idéal qu'approuve son intelligence. Douillet pusillanime, il se fait brave et résistant. Ses muscles étaient mous, débiles, incapables d'un effort, les voici de marbre et d'airain. Tel, réalisant le plus haut rêve de la famille indo-européenne, il porte à leur degré suprême les vertus du soldat. Et ce n'est pas un faible mérite que d'obtenir un tel prix de l'énergie et du sacrifice que de pouvoir, comme les athlètes d'à présent, guerroyer pour défendre le sol des aïeux, que de pouvoir, quand elle crie : à l'aide ! répondre au premier appel de la patrie en danger.

SAINT-AMAND (CHER). — IMP. BUSSIÈRE.